Wissen und Können

5/6 Standard Deutsch

Schreiben

Herausgegeben von
Almut Hoppe

Erarbeitet von
Almut Hoppe und Kai-Jochen Voss

Cornelsen

Fülle nach jedem Kapitel, das du bearbeitet hast, die folgende Checkliste aus:

- Kreuze an, ob du die Aufgabe und den Test gut bewältigt hast oder ob du noch weiter üben musst.
- Notiere zu jedem Kapitel in Stichpunkten, was du dir für die Zukunft besonders merken musst.

	Das kann ich gut.	Das muss ich noch üben.	Das muss ich mir merken:
Kapitel 1: Erzählen	☐	☐	
Kapitel 2: Bildergeschichten schreiben	☐	☐	
Kapitel 3: Schreiben nach Mustern: Märchen	☐	☐	
Kapitel 4: Nacherzählen	☐	☐	
Kapitel 5: Vorgänge beschreiben	☐	☐	
Kapitel 6: Berichten	☐	☐	
Kapitel 7: Über Bücher informieren	☐	☐	
Kapitel 8: Fragen an einen Text stellen	☐	☐	
Kapitel 9: Eine Stellungnahme schreiben	☐	☐	
Kapitel 10: Appellative Texte verfassen: Aufruf	☐	☐	

Inhaltsverzeichnis

Kapitel 1: Erzählen . . . . S. 4

Kapitel 2: Bildergeschichten schreiben . . . . S. 7

Kapitel 3: Schreiben nach Mustern: Märchen . . . . S. 11

Kapitel 4: Nacherzählen . . . . S. 15

Kapitel 5: Vorgänge beschreiben . . . . S. 20

Kapitel 6: Berichten . . . . S. 24

Kapitel 7: Über Bücher informieren . . . . S. 29

Kapitel 8: Fragen an einen Text stellen . . . . S. 33

Kapitel 9: Eine Stellungnahme schreiben . . . . S. 38

Kapitel 10: Appellative Texte verfassen: Aufruf . . . . S. 42

1

- Erlebnisse, Begebenheiten oder Erfundenes erzählen
- Stichpunkte anhand eines vorgegebenen Rasters sammeln und ordnen
- inhaltliche Zusammenhänge sprachlich richtig und anschaulich darstellen
- einfache Erzähltechniken nutzen
- die direkte Rede verwenden
- Texte überarbeiten

Erzählen

Kurzbeschreibung

Erzählen kannst du von etwas, was dir wichtig ist, was du erlebt hast oder was du dir ausgedacht hast. Wichtig ist, dass es dir gelingt, bei deinen Leserinnen und Lesern Interesse zu wecken.

Vorbereiten

Überlege, wovon du erzählen willst. Ideen für deine Erzählung kannst du sammeln, indem du z. B.

- Notizen zu eigenen Erlebnissen oder Gefühlen machst,
- ein Ideen-Cluster erstellst oder
- Überschriften sammelst.

Erzählen

Inhalt und Aufbau

- Wähle eine **Überschrift**, die neugierig macht.
- Stelle in der **Einleitung** die Hauptpersonen, den Handlungsort und die Zeit, in der die Erzählung spielt, vor.
- Führe die Handlung im **Hauptteil** auf den Höhepunkt (die spannendste Stelle) zu.
- Erzähle im **Schluss**, wie die Handlung ausgeht, oder lass den Ausgang offen.

Sprache

- Verwende das **Präteritum**.
- Verknüpfe deine Sätze mit abwechslungsreichen **Brückenwörtern**, die z. B. deutlich machen, wann und warum etwas geschieht: *dann, später, daraufhin, inzwischen, zunächst, deshalb, daher, weil…*
- Verwende die **direkte Rede**, wenn es sinnvoll ist.
- Achte bei **Verben und Adjektiven** darauf, dass sie das ausdrücken, was du mitteilen möchtest.

Überarbeiten

Überprüfe deinen Text mit Hilfe folgender Fragen:

- Spricht dich die Erzählung an?
- Ist die Erzählung für Leserinnen und Leser ohne Nachfragen verständlich?
- Wird deutlich, wo die Erzählung spielt, was die Personen tun, was sie denken und fühlen?
- Hast du sinnvolle Absätze gemacht?
- Sind alle Wörter richtig geschrieben?

Überarbeite deine Erzählung, falls notwendig.

Beispiel

1 Mach dir mit Hilfe des folgenden Schreibplans Notizen zu einem unheimlichen Erlebnis, von dem du erzählen willst.

Thema: *unheimliches Erlebnis*
Zeit: *letzter sonniger Sonnabend*
Ort: *Garten, Liegestuhl*

Handlung		Gefühle
– *lesen*	→	*gestört*
– *knacken*	→	*unbehaglich, ängstlich*
– *ich sehe nach: ein Igel*	→	*mutig, erleichtert*
– *erneutes Knacken*	→	*noch ängstlicher*
– *ich gehe ins Haus*	→	*ängstlich, aber entschlossen*

2 Suche eine interessante Überschrift und schreibe deine Erzählung auf.

Der bedrohliche Blätterhaufen

Am letzten schönen, sonnigen Sonnabend lag ich auf dem Liegestuhl im Garten und las einen spannenden Roman. Auf das Tischchen neben dem Liegestuhl hatte ich einen Becher Jogurt und ein großes Glas Wasser gestellt.

Eigentlich wollte ich den ganzen Nachmittag dort liegen und lesen. Eigentlich! Denn plötzlich wurde ich gestört, weil hinten rechts aus dem Garten ein lautes Knacken zu hören war. Zuerst einmal, dann, nach einer Pause noch einmal und dann noch mal. Es knackte in immer kürzeren Abständen. „Was kann das sein?“, fragte ich mich halblaut und überlegte, ob ich nachsehen sollte. „Vielleicht ist es ein Tier oder sogar ein Einbrecher?“, murmelte ich ängstlich vor mich hin. Das Knacken kam aus der hinteren Ecke des Gartens, wo Äste, Blätter und abgeschnittene Pflanzen lagen. Es wiederholte sich in unregelmäßigen Abständen. Mir wurde zunehmend mulmiger und ich konnte mich immer weniger auf mein Buch konzentrieren. Endlich beschloss ich nachzusehen und näherte mich vorsichtig dem Haufen. „Vielleicht ist es ja eine eklige Ratte, die mich gleich in die Hand beißt?“, schoss es mir durch den Kopf. Ich entschied mich, eine Harke zu holen, mit der ich den verdächtigen Haufen durchstöbern konnte. Plötzlich sah ich einen Igel im Dunkeln verschwinden. „Ein Glück, nur ein Igel!“, seufzte ich erleichtert. Ich legte mich wieder in den Liegestuhl und las weiter. Aber plötzlich fing es wieder an! „Vielleicht beobachtet mich jemand?“, überlegte ich. Leuchteten da nicht zwei Augen aus dem Gestrüpp? Meine Fantasie begann allmählich, mit mir durchzugehen.

Schnell packte ich mein Buch und verließ den Garten. Die Terrassentür schloss ich fest hinter mir zu und zog die Gardinen vor. Leider hatte ich den Jogurtbecher draußen vergessen. Aber raus wollte ich auf keinen Fall mehr. Und so richtig beruhigt war ich auch in meinem Zimmer nicht.

Gründe, warum die Erzählung gut ist:

- **Überschrift** macht neugierig
- **Einleitung** enthält Person, Ort und Zeit
- **Hauptteil** gibt Geschehen in der richtigen Reihenfolge wieder
- Präteritum
- Gedanken als direkte Rede
- abwechslungsreiche Wortwahl
- Höhepunkt
- offener **Schluss**: Spannung wird beibehalten

Aufgabe

1 Sammle Ideen für eine eigene Erzählung über ein unheimliches Erlebnis. Übertrage dafür das Formular aus dem Beispiel (Aufgabe 1, S. 5) in dein Heft.

2 Schreibe eine Erzählung. Gehe so vor, wie im Merkwissen (S. 4) beschrieben.

Überprüfung

1 Überprüfe deinen Text mit folgendem Bogen. Kreuze zutreffende Aussagen an und markiere die entsprechenden Stellen im Text.

+	+/–	–
Inhalt und Aufbau		
☐ Die **Überschrift** macht neugierig auf den Text.	☐ Die **Überschrift** weckt falsche Erwartungen. ☐ Die Überschrift verrät zu viel.	☐ Die **Überschrift** ist langweilig.
☐ Die **Handlung** ist gut zu durchschauen.	☐ Die **Handlung** ist an vielen Stellen zu kompliziert.	☐ Die **Handlung** ist unverständlich.
☐ Die **Reihenfolge der Ereignisse** ist gut nachvollziehbar.	☐ Die **Reihenfolge** ist an einigen Stellen schwer nachzuvollziehen.	☐ Die **Reihenfolge der Ereignisse** ist unklar.
☐ **Gefühle und Gedanken** der Personen werden deutlich.	☐ An einigen Stellen fehlen Informationen über **Gedanken und Gefühle** der Personen.	☐ **Gedanken und Gefühle** der Personen werden nicht deutlich.
Sprache		
☐ Die Erzählung steht in der **Tempusform** Präteritum.	☐ Die Erzählung steht nicht immer in der **Tempusform** Präteritum.	☐ Die **Tempusform** wechselt häufig, ohne dass erkennbar ist, warum.
☐ Die **direkte Rede wird** sinnvoll eingesetzt, um die Erzählung lebendiger zu machen.	☐ Die **direkte Rede** könnte häufiger vorkommen. ☐ Die **direkte Rede** könnte sinnvoller eingesetzt werden.	☐ Es wird keine **direkte Rede** eingesetzt, obwohl es sinnvoll gewesen wäre.
☐ Die **Brückenwörter** sind abwechslungsreich und verknüpfen die Sätze zu einem sinnvollen Text.	☐ Einige **Brückenwörter** wiederholen sich ohne Grund. ☐ Der Zusammenhang der einzelnen Sätze ist nicht immer klar.	☐ Die **Brückenwörter** wiederholen sich zu oft. ☐ Der Zusammenhang der Sätze ist meist unklar.
☐ Die **Wortwahl** ist gelungen, weil man sich gut vorstellen kann, wie etwas passiert, gesagt wird usw.	☐ Die **Wortwahl** sollte zum Teil geändert werden, damit man sich die Ereignisse besser vorstellen kann.	☐ Die **Wortwahl** ist eintönig. ☐ Man kann sich meistens nicht vorstellen, wie genau sich etwas abspielt.

2 Überarbeite deine Erzählung mit Hilfe dieses Bogens und deiner Markierungen im Text. Überprüfe auch die richtige Schreibung.

- Stichpunkte zu Bildern machen
- eine Bildfolge in Worte fassen
- einfache Erzähltechniken anwenden (Reihenfolge, direkte Rede, „Verben des Sagens")
- inhaltliche Zusammenhänge sprachlich richtig und anschaulich darstellen
- die direkte Rede verwenden
- Texte überarbeiten

2

Bildergeschichten schreiben

Kurzbeschreibung
Beim Schreiben einer **Bildergeschichte** fasst du das in Worte, was in der Bilderfolge dargestellt ist.

Vorbereiten

- Schau dir an, was auf den einzelnen Bildern dargestellt ist und finde heraus, worum es in der Bildergeschichte geht.
- Mach dir Stichpunkte zu jedem Bild. Achte dabei auf die Handlung, auf das Verhalten und den Ausdruck der Personen (Mimik und Gestik).

Bildergeschichten schreiben

Inhalt und Aufbau

- Orientiere dich beim **Aufbau** deiner Geschichte an der Reihenfolge der Bilder.
- Verknüpfe die Bilder zu einem verständlichen Erzählzusammenhang.

Sprache

- Halte die gewählte **Tempusform** (Präsens oder Präteritum) ein
- Verwende abwechslungsreiche Satzanfänge, z. B. *plötzlich, nun, daraufhin, als, inzwischen, dort, hier, überall, daher…*
- Verwende die **direkte Rede**. Leite mit aussagekräftigen Verben zur direkten Rede hin: *rief, flüsterte, nuschelte, jammerte, zischte…*

Überarbeiten

Überprüfe deinen Text anhand folgender Fragen:

- Entspricht deine Erzählung der Reihenfolge der Bilder?
- Kann man sich das Geschehen gut vorstellen?
- Hast du die gewählte Tempusform eingehalten?
- Sind die Satzanfänge abwechslungsreich?
- Hast du die direkte Rede verwendet?
- Sind die „Verben des Sagens" aussagekräftig?
- Sind alle Wörter richtig geschrieben?

Überarbeite deine Geschichte, falls notwendig.

Beispiel

1 Verfasse eine Bildergeschichte zu dieser Bilderfolge. Schreibe aus der Sicht des Jungen.

e. o. plauen: Vater und Sohn – Moral mit Wespen

Gründe, warum die Geschichte gut ist:

- Der Aufbau der Geschichte entspricht der Reihenfolge der Bilder.
- Die Geschichte ist anschaulich geschrieben, sodass man sich das Geschehen gut vorstellen kann.
- Die gewählte Tempusform (Präteritum) wird eingehalten.
- Die Satzanfänge sind abwechslungsreich.
- Die direkte Rede wurde sinnvoll eingesetzt.
- Die „Verben des Sagens" sind abwechslungsreich und aussagekräftig.

Moral mit Wespen

Zum Mittagessen hatte mein Vater uns leckere Bratwürste gebraten. Wir saßen – wie immer – am Küchentisch und die Fenster waren weit geöffnet, denn draußen war es sommerlich warm. Plötzlich begann es hinter mir zu summen und mit einem Mal saß eine Wespe auf meiner Bratwurst. Ich packte schnell meine Serviette und begann wild mit ihr herumzufuchteln. In diesem Moment schoss mein Vater von seinem Stuhl hoch, hob abwehrend die Hände und rief vorwurfsvoll: „Lass das! Nein! Lass die Wespe am Leben!" Vorsichtig nahm er meinen Teller. „Pass mal auf, mein Sohn, so macht man das", belehrte er mich. Er ging mit Teller, Bratwurst und Wespe in Richtung Fenster, um die Wespe hinausfliegen zu lassen. „Siehst du?", sagte er und drehte sich mit einem selbstzufriedenen Blick zu mir um. Doch plötzlich schrie Vater laut auf: Die Wespe war zurückgekehrt und hatte ihn in seine kahle Stirn gestochen. In Sekundenschnelle schwoll der Stich zu einer dicken Beule an. So hatte sich Vater das offensichtlich nicht gedacht. Ärgerlich rieb er sich die schmerzende Stelle. Damit aber nicht genug. Die Wespe verfolgte uns wieder zurück in die Küche und machte es sich dieses Mal auf Vaters Bratwurst bequem. „Soll ich sie nach draußen bringen?", fragte ich vor-

sichtig. „Nein!", schimpfte Vater wütend, „jetzt werden andere Saiten aufgezogen!" Und er begann mit voller Kraft mit seiner Serviette auf die Wespe einzudreschen.
Ich saß da und verkniff mir nur mühsam das Lachen, denn plötzlich war auch Vater kein Tierfreund mehr.

Aufgabe

1 Mach dir in deinem Heft Notizen zu jedem Bild der Bilderfolge.

2 Verfasse eine Geschichte zu der Bilderfolge.
Schreibe aus der Sicht des Jungen.

e. o. plauen: Vater und Sohn – Zurück zur Natur

Überprüfung

1 Überprüfe, ob dein Text die folgenden Merkmale erfüllt.

a) Die Abschnitte entsprechen den Bildern.

Bild 1: Zeile 1 bis _____

Bild 2: Zeile _____ bis _____

Bild 3: Zeile _____ bis _____

Bild 4: Zeile _____ bis _____

Bild 5: Zeile _____ bis _____

Bild 6: Zeile _____ bis _____

b) Die Geschichte ist so erzählt, dass man sich gut vorstellen kann, was passiert.

Zeile: _________ Beispiel: _______________________________

Zeile: _________ Beispiel: _______________________________

Zeile: _________ Beispiel: _______________________________

Zeile: _________ Beispiel: _______________________________

c) Die Satzanfänge sind abwechslungsreich.

Zeile: _________ Beispiel: _______________________________

Zeile: _________ Beispiel: _______________________________

Zeile: _________ Beispiel: _______________________________

Zeile: _________ Beispiel: _______________________________

Zeile: _________ Beispiel: _______________________________

d) Zur direkten Rede wird mit folgenden abwechslungsreichen „Verben des Sagens" hingeleitet:

Zeile: _________ Beispiel: _______________________________

Zeile: _________ Beispiel: _______________________________

Zeile: _________ Beispiel: _______________________________

Zeile: _________ Beispiel: _______________________________

Zeile: _________ Beispiel: _______________________________

2 Überarbeite deine Geschichte mit Hilfe des Merkwissens (S. 7).

- nach Textmustern schreiben
- Merkmale von Märchen kennen
- einen Schreibplan anfertigen
- einfache Erzähltechniken anwenden
- formelhafte Sprache verwenden
- Texte überarbeiten

3

Schreiben nach Mustern: Märchen

Kurzbeschreibung
Beim **Schreiben nach Textmustern** musst du zunächst herausfinden, welche besonderen Merkmale die Textvorlage hat.
Dann versuchst du, nach diesem Muster, z. B. einem Märchen, selbst einen Text zu verfassen.

Vorbereiten

Untersuche deine Textvorlage nach folgenden Gesichtspunkten:
- Wann und wo spielt die Handlung?
- Welche Personen kommen vor?
- Gibt es Besonderheiten, die typisch für ein Märchen sind?
- Ist der Text in einer besonderen Sprache geschrieben?

Fertige einen Schreibplan an.

Ein Märchen schreiben

Inhalt und Aufbau
- Wähle einen märchenhaften **Titel**.
- Benenne in der **Einleitung** die Hauptpersonen, den Ort und schildere eine schwierige Ausgangssituation.
- Erzähle im **Hauptteil** z. B. von Aufgaben oder Prüfungen, die die Hauptperson bewältigen muss. Oft greifen übernatürliche Kräfte ein.
- Lass am **Schluss** das Gute siegen.

Sprache
- Schreibe im **Präteritum**.
- Verwende **formelhafte Wendungen**: *Es war einmal …, eines Tages …, Und wenn sie nicht gestorben sind …*
- Verwende die **direkte Rede**.
- Führe mit **abwechslungsreichen Verben** zur direkten Rede hin.
- Verbinde die Sätze mit **aussagekräftigen Brückenwörtern**.

Überarbeiten

Überprüfe deinen Text anhand der folgenden Fragen:
- Passt der Inhalt zum Titel?
- Ist die Handlung märchenhaft?
- Sind die Personen typische Märchen-Figuren?
- Hast du typische Märchen-Formulierungen benutzt?
- Hast du die direkte Rede verwendet?
- Sind die „Verben des Sagens" abwechslungsreich und aussagekräftig?
- Sind die Brückenwörter abwechslungsreich und aussagekräftig?
- Sind alle Wörter richtig geschrieben?

Überarbeite dein Märchen, falls notwendig.

Beispiel

1 Fertige einen Schreibplan für ein Märchen an.

Titel: *Rosalie und der böse Zauberer*

Personen: *Vater, Mutter, Tochter Rosalie, Geschwister, Zauberer*

Ort: *einsamer Ort im Wald*

Typisch Märchen:
- *Zauber*
- *der Schwächere ist klüger*
- *formelhafte Sprache*

Handlung:

Einleitung:
- *arme Familie*
- *Förster schenkt Familie Holz für eine Bank*
- *Zauberer verzaubert Holz*

Hauptteil:
- *Rosalie geht zum Zauberer*
- *Trick: bringt Zauberer dazu, sich in eine Fliege zu verwandeln*
- *tritt Zauberer als Fliege tot*

Schluss:
- *Zauber wirkt nicht mehr*
- *Familie hat für immer Holz*

2 Schreibe selbst ein Märchen. Orientiere dich an deinem Schreibplan.

Gründe, warum das Märchen gut ist:

- märchenhafte **Überschrift**
- **Einleitung** mit Hauptpersonen, Ort, schwieriger Ausgangssituation
- Präteritum
- formelhafte Sprache

Daniela, 11 Jahre alt

Rosalie und der böse Zauberer

Es war einmal ein Mädchen mit Namen Rosalie, das lebte mit seinem Vater, seiner Mutter und seinen Geschwistern in der Nähe eines großen Waldes.

Die Familie war sehr arm. Mitten im Wald lebte ein böser Zauberer, der der armen Familie das Leben schon oft schwer gemacht hatte. Eines Tages schenkte der Förster dem Vater Holz für eine neue Bank, weil dieser ihm sehr geholfen hatte. Der Zauberer bekam das mit. Er gönnte dem Vater das kostenlose Holz nicht und verwandelte es in der Nacht, sodass es hart wie Stein war. Der Vater konnte daher das Holz nicht verarbeiten. Er versuchte es immer wieder, aber es gelang ihm nicht.

Da beschlossen die Eltern, Rosalie zum Zauberer zu schicken, weil sie glaubten, dass er am harten Holz schuld sei. Also ging Rosalie zum Schloss und bat den Zauberer: „Bitte, befreie das Holz wieder!" Der Zauberer lachte höhnisch und sagte: „Was erlaubst du dir? Ich kann dich in eine Schnecke verwandeln, wenn ich will." Rosalie dachte nach und hatte eine Idee. Sie fragte listig: „Großer, mächtiger Zauberer, kannst du dich vielleicht in einen König verwandeln?" Der Zauberer lachte und sagte: „Natürlich kann ich das", und er tat es. Er verwandelte sich auch noch in eine schöne Blume und in eine Fliege. Als der Zauberer sich in eine Fliege verwandelt hatte, trat Rosalie die Fliege schnell tot und lief nach Hause.

- **Hauptteil**, in dem das Problem (der Zauber) durch einen Trick gelöst wird
- Präteritum
- direkte Rede

Weil der Zauberer jetzt tot war, wurde das Holz wieder erlöst. Der Vater bedankte sich bei Rosalie und fing an, das Holz zu bearbeiten. Aber als er Tische, Stühle und Bänke angefertigt hatte, lag noch immer genauso viel Holz da wie zu Anfang. Der Vater machte noch viele andere Dinge und verkaufte sie. Dafür bekam er Geld, und die Familie hatte keine Not mehr, und sie lebte fortan glücklich und zufrieden.

- **Schluss** mit Belohnung der Guten
- Präteritum
- formelhafte Sprache

Aufgabe

1 Verfasse selbst einen Schreibplan für ein Märchen wie im Beispiel (Aufgabe 1, S. 12). Schreibe in dein Heft.
Du kannst die folgenden Anregungen nutzen.

Ideen für einen Titel
Der Riese auf Wanderschaft — Der goldene Zopf — Der wunderliche Baum — Die Waldkönigin — Der verlorene Schlüssel — Der gläserne Becher — Das verwunschene Schloss — Die traurige Königin — Der faule Hans — Das weiße Reh — Der arme Bäckerlehrling — Der Zauberfluss — Die silberne Feder — Das sprechende Eichhörnchen — Der weiße Wald

Ideen für Personen
- der stumme Prinz
- der vergessene Bruder
- die verwöhnte Prinzessin
- der traurige König
- die kluge Magd
- zwei Glückskinder
- der starke Franz

Ideen für Orte
- verzauberter Berg
- geheimnisvoller Wald
- einsames Schloss
- verwunschenes Schloss
- geheimer Turm
- Hütte im Wald
- Höhle

Typisch Märchen
- Zauber
- sprechende Gegenstände
- sprechende Tiere
- besondere Zahlen, z. B. 3, 7 und 12
- Tarnkappe
- formelhafte Sprache

2 Schreibe dein Märchen ins Heft.

Überprüfung

1 Überprüfe deinen Text mit Hilfe der folgenden Checkliste.
Fülle die Leerstellen aus und kreuze alles an, was zutrifft.

Inhalt

a) Die Geschichte wirkt märchenhaft, weil
- ☐ sie an einem geheimnisvollen Ort spielt.
- ☐ übernatürliche Kräfte (z. B. Zauberei) am Werk sind.
- ☐ die Personen typische Märchenfiguren sind.
- ☐ die Personen eine Aufgabe bewältigen müssen.
- ☐ das Gute siegt.
- ☐ Die Geschichte wirkt nicht märchenhaft.

Aufbau

b) Passt der Inhalt zum Titel? ☐ ja ☐ nein

c) Sind die drei Teile Einleitung, Hauptteil und Schluss deutlich erkennbar?
☐ ja ☐ nein

- Einleitung (Zeile _____ bis _____)
- Hauptteil (Zeile _____ bis _____)
- Schluss (Zeile _____ bis _____)

Sprache

d) Folgende formelhafte Wendungen wurden verwendet, z. B.:

______________________________ (Zeile _____)

______________________________ (Zeile _____)

______________________________ (Zeile _____)

e) Die direkte Rede wurde verwendet, z. B.:

______________________________ (Zeile _____)

______________________________ (Zeile _____)

f) Es wurden abwechslungsreiche „Verben des Sagens" verwendet, z. B.

__________ (Zeile _____), __________ (Zeile _____), __________ (Zeile _____)

g) Es wurden aussagekräftige Brückenwörter verwendet, z. B.

__________ (Zeile _____), __________ (Zeile _____), __________ (Zeile _____)

2 Überarbeite dein Märchen mit Hilfe der Checkliste und des Merkwissens (S. 11).

- unbekannte Wörter klären
- Textabschnitte in Stichpunkten zusammenfassen
- eine Textvorlage anhand von Stichpunkten in eigenen Worten wiedergeben
- Texte überarbeiten

4

Nacherzählen

Kurzbeschreibung
Beim **Nacherzählen** gibst du mit eigenen Worten eine Geschichte wieder. Damit die Nacherzählung sowohl informiert als auch unterhält, muss die Geschichte möglichst genau und anschaulich nacherzählt werden.

Vorbereiten

- Lies den Text und notiere zu jedem Absatz die zentralen Inhalte. Verwende eigene Worte.
- Markiere in der Textvorlage Einleitung, Hauptteil und Schluss der Geschichte.
- Kläre Wörter, die du nicht verstehst.

Eine Nacherzählung schreiben

Inhalt und Aufbau
- Schreibe die Nacherzählung auf der Grundlage deiner Stichpunkte.
- Orientiere dich bei Inhalt und Aufbau deiner Nacherzählung an **Inhalt und Aufbau des Textes**, den du nacherzählst.

Sprache
- Verwende **eigene Worte** und schreibe nicht den Text oder ganze Textteile ab.
- Verwende die **wörtliche Rede** dort, wo sie in der Vorlage auftritt.
- Erzähle in der **Tempusform, in der die Vorlage steht** (meistens Präteritum).
- Vermeide **unnötige Wortwiederholungen**.

Überarbeiten

Überprüfe Inhalt und Aufbau deiner Nacherzählung:
- Ist deine Nacherzählung verständlich?
- Stimmen Inhalt und Aufbau mit der Vorlage überein?
- Hast du eigene Worte verwendet und die Geschichte nicht abgeschrieben?
- Hast du durchgängig in der gleichen Tempusform geschrieben, in der die Vorlage steht?

Überarbeite deine Nacherzählung, falls notwendig.

Beispiel

1 Notiere zu jedem Textabsatz in Stichpunkten den Inhalt.

Sage aus Schwaben

Das Riesenspielzeug

Einleitung:
- *gutmütiger Riese mit böser Tochter*
- *Burgberg bei Neidstein*

Auf dem Burgberge bei Neidstein hauste mit seiner Tochter ein Riese, der sich aus den Felsblöcken des Berges eine Wohnung gebaut hatte. Er war gutmütig, nicht aber seine Tochter, deren größtes Vergnügen es war, das kleine Menschenvolk zu drangsalieren[1].

Hauptteil:
- *Riesentochter nimmt Bauern mit Pflug und Ochsen nach Hause*
- *Vater ist zornig*
- *befiehlt, Bauern wieder zurückzubringen*
- *hat Angst vor Menschen*

Eines Tages begegnete dem Riesenmädchen auf dem Felde ein alter Bauer, der mit einem Paar Ochsen seinen Acker pflügte. Ohne ein Wort zu sagen, raffte sie ihn samt Pflug und Ochsen in ihre Schürze und trug ihn nach Hause. Dort zeigte sie dem Vater ihren Fund: „Sieh, was für schöne Würmlein ich hab, mit denen will ich jetzt spielen und sie tanzen lassen." Der Alte aber war erzürnt und befahl seiner Tochter, sie sofort wieder in Freiheit zu setzen. „Trag sie wieder hin, wo sie waren; diese Würmlein werden uns noch einmal vertreiben!"

[1] drangsalieren: quälen, plagen

- *Tochter verärgert*
- *zerschmettert Bauern und Ochsen*
- *Bauersfrau findet toten Bauern*
- *verflucht Riesen*
- *Sturm, Donner und Feuer vernichten Riesenburg*

Verärgert ging die Riesentochter hinaus, bestieg den höchsten Punkt ihrer Felsenwohnung und warf Bauern und Ochsen hinunter in die Tiefe, wo sie zerschmettert liegen blieben.

Als die Bauersfrau am Abend den Vermissten suchen ging, fand sie ihn am Fuße der Riesenburg liegen. Man schaffte den Toten heim, die Frau aber sprach einen Fluch über das Geschlecht der Riesen aus, dass sie vernichtet würden und keines Riesen Fuß mehr die Erde berührte. Der Fluch der Bäuerin ging in Erfüllung. In der Nacht brach ein furchtbarer Sturm los, ein Donnerschlag erfolgte und eine Feuersäule stieg von der Burg des Riesen auf zum Himmel. Das Felsenschloss auf Neidstein stürzte in sich zusammen. Am nächsten Morgen war die Burg der Riesen und auch diese selbst verschwunden.

Schluss:
- *nur noch Felsturm und Felsblock von Burg übrig*

Nur ein Felsturm ragte noch empor, und am Fuße des Berges lag ein durchlöcherter Felsblock, der Rest der Riesenburg; der heißt bis heute noch der Riesenfels.

2 Verfasse anhand deiner Stichpunkte in der Randspalte eine Nacherzählung der Sage.

Sage aus Schwaben

Das Riesenspielzeug

Auf dem Burgberg von Neidstein wohnte früher einmal ein Riese mit seiner Tochter. Der Riese war sehr gutmütig, seine Tochter aber bösartig. Eines Tages traf die Riesentochter auf einem Feld in der Nähe einen alten Bauern, der mit einem Ochsengespann seinen Acker umpflügte. Sie ergriff den Bauern und die Ochsen und brachte sie in der Schürze nach Hause.

Zu Hause zeigte sie dem Vater ihre Beute: „Guck mal, wie niedlich die kleinen Menschen sind, ich will mit ihnen spielen." Der Riesenvater schimpfte und befahl seiner Tochter: „Bring den Menschen und die Tiere wieder zurück, woher du sie hast. Sie werden uns sonst von hier vertreiben."

Die Riesentochter warf voller Wut den Bauern und seine Ochsen vom höchsten Felsen.

Abends suchte die Bäuerin ihren Mann und fand ihn tot am Fuß des Riesenberges. Darauf verfluchte die Bäuerin alle Riesen: Sie sollten alle getötet werden und nicht mehr auf der Erde leben dürfen.

In der Nacht erfüllte sich der Fluch der Bäuerin. In einem entsetzlichen Sturm stürzte die Burg der Riesen zusammen und verschwand.

Nur ein Felsturm und ein durchlöcherter Felsblock ist noch übrig. Er heißt heute noch Riesenfels.

Gründe, warum die Nacherzählung gut ist:

- Inhalt und Aufbau entsprechen der Vorlage.
- Es wurden eigene Worte gewählt.
- Die Wortwahl ist abwechslungsreich.
- Die Nacherzählung steht – wie die Vorlage – im Präteritum.

Aufgabe

1 Notiere zu jedem Textabsatz in Stichpunkten den Inhalt.

Sage aus Schleswig

Der Goldfisch

Zwei arme Fischer, die auf dem Schleswiger Holm wohnten, hatten die ganze Nacht vergeblich gearbeitet und zogen zum letzten Mal ihre Netze wieder leer herauf.

Als sie nun traurig heimfahren wollten, erschien ihnen eine Gestalt, die die schwarze Greet genannt wurde. Sie war den dortigen Fischern schon öfter erschienen. Sie näherte sich den Fischern vom anderen Ufer. Die schwarze Greet erschien in königlicher Pracht, mit Perlen und Diamanten geschmückt, aber immer im schwarzen Gewand. Und sie sprach zu den Fischern: „Legt eure Netze noch einmal aus, ihr werdet einen reichen Fang tun. Den besten Fisch aber, den ihr fangt, müsst ihr wieder ins Wasser werfen." Sie versprachen es und taten, wie die Greet gesagt.

Der Fang war so überreichlich, dass ihn der Kahn kaum fassen konnte. Einer der Fische aber hatte Goldmünzen statt Schuppen, Flossen aus Smaragd und auf der Nase Perlen. „Das ist der beste Fisch", sprach der Eine und wollte ihn wieder ins Wasser setzen.
Aber der Andre widersprach und versteckte den Fisch unter den übrigen Haufen, dass die Greet ihn nicht sähe. Dann ruderte er hastig in Richtung des Ufers, denn ihm war bange. Ungern folgte ihm sein Gefährte.
Doch als sie so fuhren, fingen die Fische im Boot allmählich an zu blinken wie Gold, denn der Goldfisch machte die übrigen auch golden. Und der Kahn wurde immer schwerer und schwerer und versank endlich in die Tiefe, in die er den habgierigen Fischer mit hinabzog.
Mit Not entkam der andre und erzählte die Geschichte den Holmer Fischern.

2 Verfasse anhand deiner Stichpunkte in der Randspalte eine Nacherzählung der Sage. Achte darauf, dass du eigene Worte verwendest.

Überprüfung

1 Überprüfe deine Nacherzählung mit Hilfe der Checkliste.
Kreuze an, was du umgesetzt hast.
Im besten Fall kannst du alle Punkte ankreuzen.

Inhalt und Aufbau

- ☐ Ich habe alle wichtigen Schritte der Handlung wiedergegeben.
- ☐ Ich habe die Handlungsschritte in der gleichen Reihenfolge wiedergegeben, wie sie in der Textvorlage zu finden sind.
- ☐ In meiner Nacherzählung treten alle Personen auf, die in der Textvorlage genannt werden.
- ☐ Der Ort, an dem die Geschichte spielt, ist in der Nacherzählung der gleiche wie in der Textvorlage.
- ☐ Bei der Nacherzählung der Geschichte habe ich nichts dazu erfunden.
- ☐ Unwichtige Details habe ich weggelassen.

Sprache

- ☐ Ich habe bei der Nacherzählung eigene Worte verwendet und keine Sätze von der Vorlage abgeschrieben.
- ☐ An den Stellen, an denen in der Textvorlage die wörtliche Rede verwendet wird, habe ich auch wörtliche Rede eingesetzt.
- ☐ Für die Einführung der wörtlichen Rede habe ich abwechslungsreiche „Verben des Sagens“ verwendet.
- ☐ Die Satzanfänge sind abwechslungsreich gestaltet.
- ☐ Meine Nacherzählung steht – wie die Textvorlage – im Präteritum.

Rechtschreibung

- ☐ Alle Wörter sind richtig geschrieben.

2 Markiere in deiner Nacherzählung alle Stellen, die du überarbeiten oder verbessern musst.

3 Überarbeite deine Nacherzählung mit Hilfe der Checkliste und deiner Markierungen.

5

- Notizen zu Bildern machen
- Vorgänge in der richtigen Reihenfolge wiedergeben
- Texte überarbeiten

Vorgänge beschreiben

Kurzbeschreibung
Beim **Beschreiben von Vorgängen** (z. B. Rezepten, Spielanleitungen, Bauanleitungen, Versuchen) geht es darum, dass die Leserinnen und Leser den Vorgang genau nachvollziehen und selbst ausführen können.

Vorbereiten

- Liste alle notwendigen Materialien auf, die für den Vorgang benötigt werden.
- Notiere dir, in welcher Reihenfolge die einzelnen Schritte ablaufen müssen.

Vorgänge beschreiben

Inhalt und Aufbau
Eine Vorgangsbeschreibung hat zwei Teile:
- Im **1. Teil** führst du auf, welche Materialien notwendig sind, um den Vorgang auszuführen.
- Im **2. Teil** beschreibst du die einzelnen Handlungsschritte in der richtigen Reihenfolge.

Gliedere deine Beschreibung z. B. durch Absätze oder die Nummerierung der einzelnen Schritte.

Sprache
- Schreibe im **Präsens**.
- Entscheide dich für eine **Form der Ansprache**: *„Man benötigt …" oder „Du benötigst …"*
- Achte auf Wörter, die deutlich machen, in welcher **Reihenfolge** etwas geschieht: *erst, zunächst, etwas später, nun, inzwischen, währenddessen, parallel dazu …*

Überarbeiten

Überprüfe deine Beschreibung anhand folgender Fragen:
- Ist die Beschreibung vollständig?
- Wird deutlich, in welcher Reihenfolge die einzelnen Schritte erfolgen?
- Steht die Beschreibung im Präsens?
- Wird die „Du-Form" oder „Man-Form" durchgehalten?
- Hast du die Beschreibung sinnvoll gegliedert?
- Sind alle Wörter richtig geschrieben?

Überarbeite deine Beschreibung.

Beispiel

1 Auf den Bildern ist dargestellt, wie man einen Erdschichtenkuchen backen kann.
Schreibe zu den Bildern und den Stichpunkten ein Rezept.
Verwende die „Du-Form".

Erdschichtenkuchen

Du brauchst:

8 Eier
200 g Zucker
1 Päcken Vanillezucker
160 g Mehl
140 g Speisestärke

30 g hellen Kakao
200 g gehackte Nüsse

1 Liter Schoko-Eis
1 Liter Nuss-Eis

- Eier schaumig schlagen
- Zucker, Vanillezucker, Mehl und Speisestärke unterrühren
- bei der Hälfte des Teigs Kakao untermischen

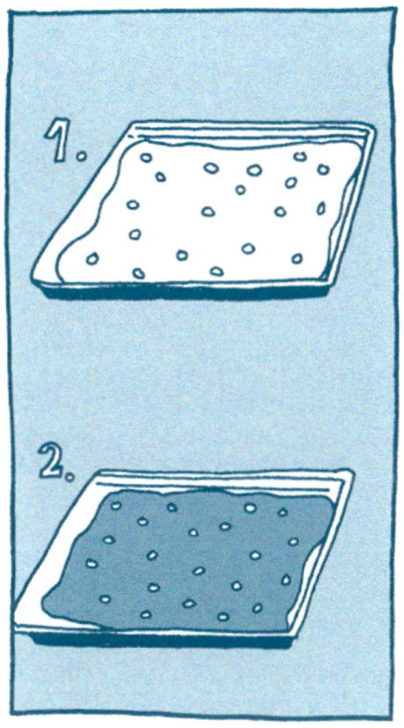

- Nüsse auf zwei Backbleche mit Backpapier streuen
- je eine Teigsorte auf einem Blech verteilen
- bei 180° 10 Min. backen

- Böden in zwei Hälften schneiden
- Böden aufeinander schichten und Eis dazwischenstreichen

- über Nacht einfrieren
- vor Servieren Rand abschneiden

Erdschichtenkuchen

Bereite zunächst den Teig vor:

Schlage die Eier schaumig und rühre nach und nach Zucker, Vanillezucker, Mehl und Speisestärke unter.
Dann teilst du den Teig in zwei Hälften und mischst unter die eine Hälfte das Kakao-Pulver.
Nun belegst du zwei Bleche mit Backpapier, streust die gehackten Nüsse darauf und streichst danach auf das eine Blech den dunklen Teig und auf das andere Blech den hellen. Backe jedes Blech 10 Minuten bei 180°.
Lasse den Teig anschließend auskühlen.

Gründe, warum die Beschreibung gut ist:

- klare Gliederung in Vorbereitung des Teigs und Aufschichten der Teigböden
- richtige Reihenfolge der Handlungsschritte

- Präsens
- durchgängige Verwendung der „Du-Form"
- Wörter, die die Reihenfolge deutlich machen

Beginne nun, die Teigböden aufzuschichten:

Schneide die abgekühlten Böden in zwei Hälften. Bestreiche eine Hälfte mit einer Eissorte, lege eine andere Hälfte darauf, streiche dann Eis auf diese Hälfte usw., bis alle Böden und das ganze Eis verbraucht sind. Friere den Erdschichtenkuchen über Nacht ein. Bevor du den Kuchen servierst, musst du alle Ränder abschneiden, damit man die Erdschichten sieht.

Aufgabe

1 Auf den Bildern ist dargestellt, wie man Dinosaurier-Plätzchen backen kann. Notiere zu jedem Bild in Stichpunkten, was dargestellt ist.

Dinosaurier-Plätzchen

Du brauchst:

175 g Mehl
175 g Butter
2 Eier
2 Esslöffel Zucker
Backpapier, Pappe, Stift und Schere für die Dinosaurier-Schablonen

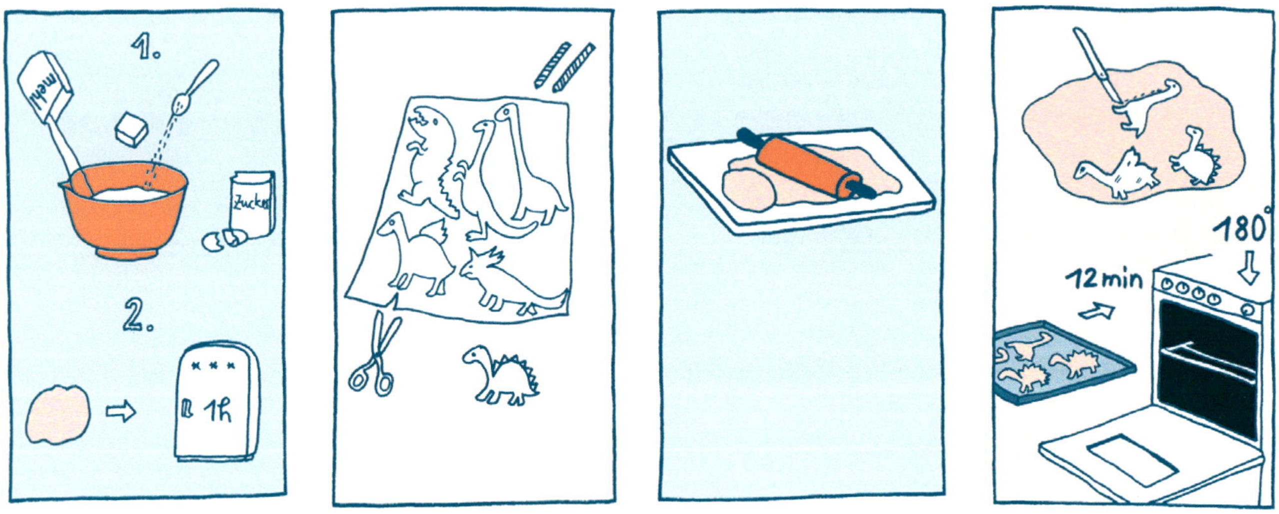

2 Schreibe zu den Bildern und den Stichpunkten ein Rezept. Verwende die „Du-Form".

Überprüfung

1 Jedes der folgenden Textbeispiele enthält einen oder mehrere Fehler.
Kreuze an, um welche Fehler es sich jeweils handelt.

Beispiel	falsche Reihenfolge	eintönige Brückenwörter	falsche Tempusform	„Du-" oder „Man-Form" nicht einheitlich	unnötige Wortwiederholungen
1. Mache das Mehl vorsichtig aufs Backbrett und mache in dem Mehl eine Vertiefung. Schlage vorsichtig die Eier in die Vertiefung.	☐	☐	☐	☐	☐
2. Arbeite die Fettflöckchen, die du vorher auf dem Mehl verteilt hast, in den Teig ein.	☐	☐	☐	☐	☐
3. Als erstes musst du den Teig zubereiten. Dann stellt man ihn in den Kühlschrank, damit er abkühlt.	☐	☐	☐	☐	☐
4. Dann legst du die Schablone auf den Teig. Dann schneidest du mit einem spitzen Küchenmesser darum herum. Dann setzt du die Form auf das Backblech.	☐	☐	☐	☐	☐
5. Nachdem man es einfettete, setzt man die Formen auf das Backblech.	☐	☐	☐	☐	☐
6. Dann bastelst du aus Knete Ständer, in die du dann die Dinosaurier, die du vorher verziert hast, hineinstellst.	☐	☐	☐	☐	☐
7. Bestäube die Arbeitsfläche mit Mehl, dann rollt man den Teig aus.	☐	☐	☐	☐	☐
8. Wenn du das gemacht hast, machst du den Backofen an und heizt ihn auf 180 Grad vor.	☐	☐	☐	☐	☐
9. Nun stellst du den Teig in den Kühlschrank, und dann wirst du mit der Herstellung der Dinosaurier-Formen beginnen.	☐	☐	☐	☐	☐

2 Überprüfe dein eigenes Rezept wie in Aufgabe 1.
Schreibe an den Rand

R für falsche Reihenfolge,
B, wenn die Brückenwörter eintönig sind,
T, wenn die Tempusform falsch ist,
F, wenn die „Du-Form" oder „Man-Form" nicht einheitlich ist,
W für unnötige Wortwiederholungen.

3 Überarbeite deine Beschreibung mit Hilfe des Merkwissens (S. 20).

6

- Notizen vorgegebenen W-Fragen zuordnen
- zeitliche Zusammenhänge sprachlich richtig darstellen
- anhand der W-Fragen einen sachlichen Bericht schreiben
- Texte überarbeiten

Berichten

Kurzbeschreibung
Beim **Berichten** informierst du genau, sachlich und verständlich über ein bestimmtes Ereignis.

Vorbereiten

- Mach dir Notizen zu dem Ereignis.
- Gliedere deine Notizen nach W-Fragen: *Was? Wann? Wo? Wer? Wie? Warum?* …
- Kläre, für wen und zu welchem Zweck du den Bericht schreibst.

Berichten

Inhalt und Aufbau

- Wähle eine **Überschrift**, die das Ereignis, von dem du berichtest, genau benennt.
- Informiere in der **Einleitung** darüber, worum es in dem Bericht geht (*Wer? Wann? Was?*).
- Beantworte im **Hauptteil** die restlichen W-Fragen. Konzentriere dich auf Wichtiges und lasse Unwichtiges weg.
- Halte die richtige Reihenfolge der Ereignisse ein.
- Nenne im **Schlussteil** – je nach Zweck des Berichts – die Folgen des Ereignisses oder gib eine Empfehlung.

Sprache

- Schreibe in der Zeitform **Präteritum**.
- Verwende das Plusquamperfekt, wenn etwas vorher passiert ist.
- Schreibe **sachlich**. Vermeide im Hauptteil persönliche Meinungen und Vermutungen.

Überarbeiten

Überprüfe deinen Bericht mit Hilfe folgender Fragen:

- Eignet sich der Bericht für den Zweck, zu dem er verfasst worden ist?
- Eignet sich der Bericht für die Adressaten, für die er gedacht ist?
- Werden die W-Fragen beantwortet?
- Wird Unwichtiges weggelassen?
- Steht der Bericht in der richtigen Tempusform?
- Enthält er im Hauptteil keine persönlichen Meinungen oder Vermutungen?
- Ist die Sprache sachlich und abwechslungsreich?
- Sind alle Wörter richtig geschrieben?

Beispiel

1 Ordne die Notizen für einen Bericht über die Teilnahme der 6. Klassen am Vorlesewettbewerb den W-Fragen unten zu:

Notizen

- jährlicher Vorlesewettbewerb des Börsenvereins des deutschen Buchhandels
- alle 6. Klassen unserer Schule
- Klassenentscheid und Schulentscheid in unserer Schule
- 1. Klassenentscheid
- im November Schulentscheid
- Klassenentscheid und Schulentscheid war für alle spannend wegen Frage, wer gewinnt
- 2. Schulentscheid
- Clara aus der 6c wurde Schulsiegerin
- bekam Urkunde und Einladung zum Kreisentscheid
- im Oktober Klassenentscheid
- bei Vorbereitung viel gelernt: Techniken für gutes Vorlesen

W-Fragen

Was hat stattgefunden?	– *jährlicher Vorlesewettbewerb des Börsenvereins des deutschen Buchhandels*
Wer hat teilgenommen?	– *alle 6. Klassen unserer Schule*
Wie lief die Teilnahme ab?	– *1. Klassenentscheid* – *2. Schulentscheid*
Wann fand der Wettbewerb statt?	– *im Oktober Klassenentscheid* – *im November Schulentscheid*
Wo fand er statt?	– *in unserer Schule*
Warum haben wir teilgenommen?	– *bei Vorbereitung viel gelernt: Techniken für gutes Vorlesen* – *Klassenentscheid und Schulentscheid war für alle spannend wegen Frage, wer gewinnt*
Welche Folgen hatte die Teilnahme?	– *Clara aus der 6c wurde Schulsiegerin* – *bekam Urkunde und Einladung zum Kreisentscheid*

Gründe, warum der Bericht gut ist:

2 Schreibe einen Bericht für die Schülerzeitung über die Teilnahme am Vorlesewettbewerb.

– informative **Überschrift**

Unsere Teilnahme am Vorlesewettbewerb

Einleitung:
– informiert, worum es geht (*Wann? Wer? Was?*)

Dieses Jahr entschieden sich alle 6. Klassen unserer Schule, am jährlichen Vorlesewettbewerb des Börsenvereins des deutschen Buchhandels teilzunehmen.

Hauptteil:
– beantwortet restliche W-Fragen
– Konzentration auf Wichtiges
– richtige Reihenfolge der Ereignisse

Der Wettbewerb begann mit dem Klassenentscheid im Oktober, bei dem die beste Vorleserin der Klasse gewählt wurde. Es folgte im November der Schulentscheid, bei dem die Sieger aus allen 6. Klassen gegeneinander antraten.
Obwohl niemand aus unserer Schule bis ins Finale kam, hat die Aktion allen großen Spaß gemacht und wir haben viel gelernt, z. B. Techniken für gutes Vorlesen. Besonders interessant waren die Vorbereitung, bei der jeder einen Ausschnitt aus seinem Lieblingsbuch vorbereitete, und die aufregenden Wettbewerbstage.

Schluss:
– informiert über Folgen

Schulsiegerin wurde Clara aus der Klasse 6c. Sie erhielt eine Urkunde als Preis und durfte zum Kreisentscheid nach Düsseldorf fahren.

Aufgabe

1 Ordne die folgenden Notizen für einen Bericht über die Vorbereitung der Klasse 6c auf den Vorlesewettbewerb den vorgegebenen W-Fragen zu.

- durch Wettbewerbsvorbereitung viel Übung im Vorlesen
- im Deutschunterricht und zu Hause
- jeder wählte Lieblingsbuch aus
- bei Auswahl halfen Vorschläge auf Internet-Seite www.vorlesewettbewerb.de
- jeder wählte Textstelle aus und bereitete sie zum Vorlesen vor
- Vorleseübungen, um Überraschungstext vorzulesen
- Vorbereitung auf den Vorlesewettbewerb
- alle Schülerinnen und Schüler der Klasse 6c
- ganze Klasse hat sich beim Vorlesen verbessert

Was hat stattgefunden? ______________________

Wer hat sich vorbereitet? ______________________

Wann fand die Vorbereitung satt? ______________________

____

Wie lief die Vorbereitung ab?	
Welche Folgen hatte die Vorbereitung?	

2 Schreibe mit Hilfe der Notizen einen kurzen Bericht für die Schülerzeitung über die Vorbereitung der Klasse 6c auf den Vorlesewettbewerb.

Überprüfung

1 Überprüfe deinen Bericht mit Hilfe des folgenden Bewertungsbogens. Kreuze zutreffende Aussagen an und markiere die entsprechenden Stellen in deinem Text.

+	+/–	–
Inhalt und Aufbau		
☐ Der Bericht eignet sich für den **Zweck** (Artikel in der Schülerzeitung).	☐ Der Bericht eignet sich nur teilweise für den **Zweck**.	☐ Der Bericht eignet sich nicht für den **Zweck**
☐ Der Bericht eignet sich für die **Adressaten** (Mitschülerinnen und -schüler).	☐ Der Bericht eignet sich nur teilweise für die **Adressaten**.	☐ Der Bericht eignet sich nicht für die **Adressaten**.
☐ Die **Überschrift** informiert richtig über den Inhalt des Berichtes.	☐ Die **Überschrift** weckt etwas andere Erwartungen.	☐ Die **Überschrift** passt nicht zum Inhalt des Berichtes.
☐ Es ist **gut nachvollziehbar**, was passiert ist.	☐ Es ist **zum Teil nicht nachvollziehbar**, was passiert ist.	☐ Es ist **völlig unklar**, was passiert ist.
☐ Die **Reihenfolge** der Ereignisse ist richtig wiedergegeben.	☐ Die **Reihenfolge** der Ereignisse ist nicht immer richtig wiedergegeben.	☐ Die **Reihenfolge** der Ereignisse ist unklar.
☐ Im Text werden die **W-Fragen** vollständig beantwortet.	☐ Im Text werden die **W-Fragen** nur teilweise beantwortet. Es fehlt die Antwort auf die Fragen: ____________	☐ Im Text werden die meisten **W-Fragen** nicht beantwortet.
☐ Der Bericht enthält im Hauptteil nur **Tatsachen**, keine Meinungen und Vermutungen.	☐ Der Bericht enthält im Hauptteil **hauptsächlich Tatsachen**, aber an einigen Stellen Meinungen oder Vermutungen.	☐ Im Bericht werden **Tatsachen, Vermutungen und Meinungen** vermischt.
Sprache		
☐ Die **Tempusform** Präteritum wird durchgängig verwendet. ☐ Wenn etwas vorher passiert ist, wird das Plusquamperfekt verwendet.	☐ Die **Tempusform** wechselt an einigen Stellen ohne Grund. ☐ Das Plusquamperfekt wurde nicht immer verwendet, wenn es notwendig gewesen wäre.	☐ Der Bericht steht in der falschen **Tempusform**.
☐ Die Sprache ist **sachlich**.	☐ Die Sprache ist insgesamt **sachlich**. Bewertende Wörter werden nur in Ausnahmefällen verwendet.	☐ Die Sprache ist **unsachlich**, weil sie zu viele bewertende Wörter enthält.

2 Überarbeite deinen Bericht mit Hilfe dieses Bogens und deiner Markierungen im Text.
Überprüfe auch die Schreibung und berichtige alle Rechtschreibfehler.

- anhand eines vorgegebenen Rasters Angaben zu Autor, Titel, Verlag, Umfang, Personen und Handlung machen
- Inhalte in Kurzform wiedergeben
- Texte überarbeiten

7

Über Bücher informieren

Kurzbeschreibung
Wenn du Andere **über Bücher informieren** willst, gibst du das Wichtigste des Inhalts wieder, ohne schon alles vorweg zu nehmen.

Vorbereiten

Lies ein Buch oder nimm ein Buch, das du bereits kennst, und mache dir Notizen dazu,
- welche Personen vorkommen und
- wie die Handlung verläuft.

Streiche in deinen Notizen alle Nebensächlichkeiten, alle Informationen zu unwichtigen Personen und alle Hinweise darauf, wie die Geschichte ausgeht.

Über Bücher informieren

Inhalt und Aufbau
- Mache Angaben zur **Autorin** / zum **Autor**, zum **Titel**, zum **Verlag** und zum **Umfang** des Buches.
- Verfasse auf der Grundlage deiner Stichpunkte einen kurzen Text, in dem du die **Hauptpersonen** vorstellst und einen **Überblick über die Handlung** gibst. Achtung: Schreibe nicht, wie die Geschichte ausgeht, sondern gib nur einen versteckten Hinweis darauf.

Sprache
- Schreibe im **Präsens**.
- Formuliere abwechslungsreich.

Überarbeiten

Überprüfe deinen Text anhand folgender Fragen:
- Sind die Angaben zu Autor, Titel, Verlag und Buchumfang vollständig?
- Sind alle Hauptpersonen benannt?
- Wird deutlich, worum es in dem Buch geht?
- Hast du alle Nebensächlichkeiten weggelassen?
- Hast du nicht verraten, wie die Geschichte ausgeht?
- Steht der Text durchgängig im Präsens?
- Sind deine Formulierungen abwechslungsreich?
- Sind alle Wörter richtig geschrieben?

Überarbeite deinen Text, falls notwendig.

Beispiel

Gründe, warum die Kurzinformation gut ist:

- Angaben zu Autorin/Autor, Titel, Verlag und Umfang vollständig
- Hauptpersonen werden vorgestellt
- Überblick über Handlung wird gegeben
- Ausgang bleibt offen

1 Informiere über das Buch „Emma und Daniel“ von Mats Wahl. Fülle dazu den folgenden Stichpunktzettel aus.

Autorin/Autor: *Mats Wahl*
Titel: *Emma und Daniel*
Verlag: *dtv*
Umfang: *142 Seiten*
Inhalt:
Emma fährt mit ihrem Vater in den Ferien in ein einsames Anglercamp. Der Vater hat auch seine neue Freundin Sara und ihren Sohn Daniel dazu eingeladen. Davon ist Emma sehr enttäuscht und verhält sich Daniel gegenüber unfreundlich. Sie verbringen eine Woche in der Wildnis, lernen sich kennen und erleben etwas ganz Besonderes.

Aufgabe

1 Informiere über ein Buch deiner Wahl. Nutze den vorgegebenen Stichpunktzettel.

Autorin/Autor: ______________________________

Titel: ______________________________

Verlag: ______________________________

Umfang: ______________________________

Inhalt:

____

____

____

____

____

____

____

____

____

Überprüfung

1. Kreuze an, ob die geforderten Merkmale in diesen Texten erfüllt sind.

2. Markiere die Textstellen, die verbessert werden müssen.

Ursula Hasler

Pedro und die Bettler von Cartagena

138 Seiten

Die Eltern von Pedro und seiner Schwester Juanita leben nicht mehr, er muss für seine Schwester sorgen und sich in der Stadt Cartagena in Kolumbien durchschlagen. Die Kinder müssen für den grausamen Bettlerkönig Manu Diablo betteln gehen. Die beiden und andere Kinder, Ramon, Teresa und Antonio, halten zusammen, sie werden aber sehr unter Druck gesetzt. So verschwindet Teresa auf unerklärliche Weise. Bei Doktor Mendoza finden Pedro und seine Schwester schließlich Hilfe, aber bevor es zur Gerichtsverhandlung kommt und sich ihr Leben bessert, müssen sie viel Schreckliches durchmachen.

	ja	nein
– Angaben zu Autor, Titel, Verlag und Umfang vollständig?	☐	☐
– Wird deutlich, worum es in dem Buch geht?	☐	☐
– Sind alle Nebensächlichkeiten weggelassen?	☐	☐
– Wird nicht verraten, wie die Geschichte ausgeht?	☐	☐
– Steht der Text durchgängig im Präsens?	☐	☐
– Sind die Formulierungen abwechslungsreich?	☐	☐

Renate Welsh

Drachenflügel

dtv junior

93 Seiten

Anne lebt mit ihrer Mutter, die häufig Rückenschmerzen hat, ihrem Vater, ihrem Großvater und ihrem behinderten Bruder Jakob in einer Kleinstadt. Anne wollte von ihren Klassenkameradinnen kein Mitleid, deshalb zog sie sich immer weiter zurück. Sogar den Flötenunterricht bei Frau Dorner will sie aufgeben. Als der Großvater nach Griechenland fuhr, verliert sie eine wichtige Unterstützung, obwohl er regelmäßig Postkarten schreibt. Acht Postkarten hängen über ihrem Bett. Eigentlich möchte Anne sich gern mit ihrer Freundin Lea treffen und mit ihr zusammen Flöte spielen, aber sie schafft es nicht allein. Lea will auch gern mit Anne befreundet sein, aber Anne ist so abweisend, dass es schwierig ist, mit ihr zu reden. Ob die beiden es schaffen, miteinander zu sprechen und alles zu klären, was zwischen ihnen steht?

	ja	nein
– Angaben zu Autor, Titel, Verlag und Umfang vollständig?	☐	☐
– Wird deutlich, worum es in dem Buch geht?	☐	☐
– Sind alle Nebensächlichkeiten weggelassen?	☐	☐
– Wird nicht verraten, wie die Geschichte ausgeht?	☐	☐
– Steht der Text durchgängig im Präsens?	☐	☐
– Sind die Formulierungen abwechslungsreich?	☐	☐

	ja	nein
– Angaben zu Autor, Titel, Verlag, Umfang vollständig?	☐	☐
– Wird deutlich, worum es in dem Buch geht?	☐	☐
– Sind alle Nebensächlichkeiten weggelassen?	☐	☐
– Wird nicht verraten, wie die Geschichte ausgeht?	☐	☐
– Steht der Text durchgängig im Präsens?	☐	☐
– Sind die Formulierungen abwechslungsreich?	☐	☐

Kevin Henkes

...und dann kam Joselle

dtv junior

156 Seiten

Der kleine, rothaarige Nick Werla lebt mit seinem Vater bei seiner Großmutter auf dem Land. Er hat einen weiten Schulweg. Er wird auch oft „Big Red" genannt. Sein Vater ist Kunstlehrer und Maler und schläft immer lange, seine Mutter ist vor einigen Jahren gestorben. Nick träumt viel, er ist ängstlich, er traut sich nicht, mit dem Riesenrad zu fahren. Außerdem hat er viele alte Schlüssel und Plastiktiere. Nun erreichen ihn in den Ferien merkwürdige Botschaften, die mit weißen Kieselsteinen vor sein Fenster gelegt werden. Er erzählt niemandem davon, macht sich aber viele Gedanken. Die zweite Hauptperson ist Joselle, ein gleichaltriges Mädchen, das die Ferien bei ihrer Großmutter verbringt. Von ihr erfährt Joselle, dass Nick keine Mutter mehr hat. Sie liebt das Gruselige und will Nick ärgern. Sie ist ziemlich gemein, richtig böse, aber auch einnehmend und später sogar ehrlich. Die beiden begegnen sich und finden sich sympathisch, nähern sich an und fassen Vertrauen zueinander.

2 Wähle einen der Texte auf Seite 31 oder 32 aus und überarbeite ihn. Schreibe in dein Heft.

3 Überprüfe auch deinen eigenen Text mit Hilfe der in der Randspalte genannten Merkmale.

4 Überarbeite deinen Text, falls notwendig.

8

- literarische Texte erschließen
- wesentliche inhaltliche und formale Merkmale erfassen
- Fragen an einen Text stellen und Antworten finden
- Texte überarbeiten

Fragen an einen Text stellen

Kurzbeschreibung
Wenn du **Fragen an einen Text** stellst, hilft dir das, den Text besser zu verstehen.

Vorbereiten

Lies den Text und unterstreiche Textstellen, die du
- wichtig findest,
- die dir besonders auffallen oder
- die du nicht verstehst.

Fragen an einen Text stellen

Inhalt und Aufbau
Gehe in zwei Schritten vor:
- Im **1. Schritt** stellst du Fragen an den Text; dabei helfen dir die W-Fragen, z. B. *Wer ist die Hauptperson? Warum verhalten sich die Personen so? Wie ist zu erklären, dass …?*
- Im **2. Schritt** beantwortest du deine Fragen in ganzen Sätzen. Belege deine Aussagen mit Textstellen.

Du kannst auch weiterführende Gedanken und Schlussfolgerungen in deine Antworten einbeziehen.

Sprache
- Verwende das Präsens.
- Schreibe sachlich und genau.

Überarbeiten

Überprüfe deine Fragen und Antworten zum Text anhand folgender Fragen:
- Sind die Fragen so gestellt, dass du durch die Antworten den Text besser verstehst?
- Sind die Antworten überzeugend? Kannst du sie mit dem Text belegen?
- Sind deine Schlussfolgerungen logisch?

Wähle einige Fragen aus, die dir besonders gut beim Verständnis des Textes helfen.

Beispiel

1 Markiere die Textstellen, die du wichtig findest (________) und die du nicht verstehst (~~~~~~~~).

Aesop

Der Löwe und das Mäuschen

Ein Mäuschen lief über einen schlafenden Löwen. Der Löwe erwachte und ergriff es mit seinen gewaltigen Tatzen.

„Verzeihe mir", flehte das Mäuschen, „meine Unvorsichtigkeit, und schenke mir mein Leben, ich will dir ewig dafür dankbar sein. Ich habe dich nicht stören wollen."

Großmütig schenkte er ihr die Freiheit und sagte lächelnd zu sich, wie will wohl ein Mäuschen einem Löwen dankbar sein?

Kurze Zeit darauf hörte das Mäuschen in seinem Loche das fürchterliche Gebrüll eines Löwen, lief neugierig dahin, von wo der Schall kam, und fand ihren Wohltäter in einem Netze gefangen. Sogleich eilte sie herzu und zernagte einige Knoten des Netzes, sodass der Löwe mit seinen Tatzen das übrige zerreißen konnte. So vergalt das Mäuschen die ihm erwiesene Großmut.

Selbst unbedeutende Menschen können bisweilen Wohltaten mit Wucher[1] vergelten, darum behandle auch den Geringsten nicht übermütig.

[1] Wucher: hier: mit Überfluss

2 Stelle Fragen zum Text und beantworte sie anschließend in ganzen Sätzen. Notiere, wenn möglich, auf welche Text-Zeilen sich deine Antwort bezieht.

– Wer sind die Hauptpersonen der Geschichte?

Die Hauptfiguren sind der Löwe und das Mäuschen (Zeile 1 ff.).

– Warum sind die Hauptpersonen Tiere?

Bei Tieren weiß man sofort, welche Eigenschaften sie haben, ohne dass man sie erklären muss, wie z. B. bei Menschen. Deshalb hat man bestimmte Erwartungen.

– Warum wurden ausgerechnet diese Tiere ausgewählt?

Die beiden Tiere sind ganz unterschiedlich: Der Löwe ist stark und gefährlich, die Maus klein und schwach.

Wie verhalten sich die Tiere?

Die Tiere verhalten sich so, wie man es nicht erwartet: Der starke Löwe frisst die schwache Maus nicht und die schwache Maus hilft am Ende dem Löwen.

– Was ist das Besondere an der Geschichte?

Das Besondere ist, dass die Hauptpersonen Tiere sind und dass die Geschichte anders ausgeht, als man eigentlich erwartet.

– Warum geht die Geschichte anders aus als man es eigentlich erwartet?

Vermutlich will der Autor den Lesern etwas mitteilen, z. B., dass auch die Schwachen manchmal den Starken helfen können (Zeile 14 ff.) und deshalb die Starken auch vor den Schwachen Respekt haben sollen.

Aufgabe

1 Markiere die Textstellen, die du wichtig findest und die du nicht verstehst wie im Beispiel (S. 34).

Franz Hohler

Die feindlichen Schrauben

Es waren einmal zwei Schrauben, die waren am Rad eines Güterwagens befestigt.

Obwohl beide dieselbe Aufgabe hatten, konnten sie sich nicht leiden und stritten dauernd miteinander. „Du Sauschraube“, sagte die Eine zur Andern, „du blöde, dumme Sauschraube!“

„Was du sagst, das bist du selbst!“, gab die Andere zurück, und so ging das den ganzen Tag, wenn sie irgendwo auf einem Bahnhof standen und warteten. Einzig wenn der Zug fuhr, drehten sich die Schrauben mit dem Rad so rasch, dass es ihnen die Sprache verschlug.

Eines Morgens, kurz vor der Abfahrt nach Italien, stritten sie wieder besonders heftig.

„Wenn ich nur deinen einfältigen Kopf nicht mehr sehen müsste!“, sagte die eine Schraube zur Andern, und zwar in einem sehr giftigen Ton. „Gut“, sagte die Andere stolz, „dann gehe ich. Es gibt schließlich noch andere Räder.“ Und als der Zug zu rollen begann, schraubte sie sich mit aller Kraft aus dem Gewinde, fiel auf der Gotthardstrecke in einen Wildbach und ertrank. Da eine Schraube allein nicht genügte, um das Rad an der Achse zu halten, entgleiste der Güterwagen, riss den ganzen Zug mit in den Abgrund, und mit den Waggons wurde auch die Schraube dermaßen zertrümmert, dass man sie nie mehr brauchen konnte und später mit den Resten des Zuges einschmolz. Jetzt war endgültig Schluss mit Streiten.

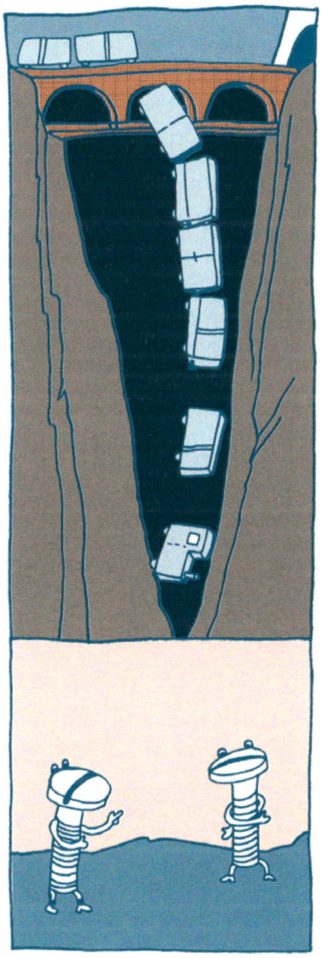

2 Stelle Fragen zum Text und beantworte sie anschließend in ganzen Sätzen. Schreibe in dein Heft.

Überprüfung

1 Überprüfe folgende Fragen an den Text „Die feindlichen Schrauben“: Kreuze an, ob sie gut, möglich oder nicht geeignet sind.

gute Frage	mögliche Frage	ungeeignete Frage	**Fragen:**
☐	☐	☐	Wovon handelt die Erzählung?
☐	☐	☐	Wer spielt die Hauptrolle?
☐	☐	☐	Warum streiten sich die beiden Schrauben?
☐	☐	☐	Was für Schrauben sind es?
☐	☐	☐	Welches Problem haben die beiden?
☐	☐	☐	Wie werden die Schrauben beschrieben?
☐	☐	☐	Wie verläuft die Handlung?
☐	☐	☐	Wie lösen die beiden das Problem?
☐	☐	☐	Warum fahren sie nach Italien?
☐	☐	☐	Welche Schraube hat Recht?
☐	☐	☐	Wie geht die Geschichte aus?
☐	☐	☐	Welche Botschaft enthält die Geschichte?

2 Überprüfe die Antworten zu den Fragen in der linken Spalte.
Kreuze an, welche Antwort jeweils am besten gelungen ist.
Begründe deine Entscheidung in Stichpunkten oder nenne Textzeilen als Beleg.

Frage:	**Antwort a):**	**Antwort b):**	**Begründung:**
Wovon handelt die Erzählung?	☐ Die Erzählung handelt von zwei Schrauben und einem Güterzug.	☐ Die Erzählung handelt von zwei Schrauben an einem Güterzug, die sich ständig streiten.	
Wer spielt die Hauptrolle?	☐ Die Hauptrolle spielen die beiden Schrauben und der Güterzug.	☐ Die Hauptrolle spielen zwei sich streitende Schrauben.	

Frage:	Antwort a):	Antwort b):	Begründung:
Warum streiten die beiden Schrauben?	☐ Die Schrauben streiten sich, weil sie sich nicht leiden können.	☐ Die Schrauben streiten sich, weil sich zwei sowieso immer gerne streiten.	
Welches Problem haben die beiden Schrauben?	☐ Sie können sich nicht leiden und streiten deshalb, sobald der Zug stehen bleibt.	☐ Sie ärgern sich darüber, dass sie am gleichen Güterwaggon festgeschraubt sind.	
Wie lösen die beiden Schrauben das Problem?	☐ Die beiden lösen das Problem, indem sie sich trennen.	☐ Sie können das Problem nicht lösen, sondern steigern sich in ihren Streit hinein, bis es zu einer Katastrophe kommt.	
Welche Botschaft enthält die Geschichte?	☐ Wenn man sich mit jemandem streitet, auf den man angewiesen ist, hat man am Ende selbst den Schaden.	☐ Man soll nicht so dumm herumspinnen.	

3 Überprüfe deine Fragen an den Text und die dazugehörigen Antworten mit Hilfe des Merkwissens (S. 33).

4 Überarbeite deine Fragen und Antworten:
- Streiche unsinnige Fragen, auf die der Text keine Antwort gibt.
- Verbessere unklare oder missverständlich gestellt Fragen.
- Verändere unklare Antworten so, dass du sie mit dem Text belegen kannst oder dass sie logische Schlussfolgerungen wiedergeben.

9

- zu einer strittigen Frage begründet Stellung nehmen
- argumentierende Texte schreiben
- Texte überarbeiten

Eine Stellungnahme schreiben

Kurzbeschreibung
Um eine **Stellungnahme** zu verfassen, musst du deinen Standpunkt zu einer strittigen Frage formulieren, diesen Standpunkt überzeugend begründen und mit einem Beispiel untermauern.

Vorbereiten

- Überlege dir, welchen Standpunkt du zu einer strittigen Frage hast. Formuliere ihn in einem Satz.
- Notiere passende Begründungen und Beispiele für deinen Standpunkt.

Eine Stellungnahme schreiben

Inhalt und Aufbau
Gehe im Dreischritt vor:

- 1. Formuliere deinen **Standpunkt** in einem Aussagesatz.
- 2. Gib eine nachvollziehbare **Begründung** für deinen Standpunkt.
- 3. Führe ein oder mehrere **Beispiele** an, die deine Meinung belegen.

Formuliere evtl. einen Abschluss-Satz, in dem du noch einmal auf deinen Standpunkt zurückkommst.

Sprache

- Verknüpfe Standpunkt, Begründung und Beispiel mit sinnvollen Formulierungen: *deshalb, also, ein weiterer Grund ist…, ein Beispiel ist…*
- Verwende Kausalsätze für die Begründungen (*weil-*, *da-* und *denn-*Sätze).
- Formuliere sachlich.

Überarbeiten

Überprüfe deine Stellungnahme anhand folgender Fragen:

- Enthält die Stellungnahme deinen Standpunkt, eine passende Begründung und ein anschauliches Beispiel?
- Sind Standpunkt, Begründung und Beispiel logisch und sprachlich richtig verknüpft?
- Hast du unnötige Wiederholungen vermieden?
- Sind alle Wörter richtig geschrieben?

Überarbeite deine Stellungnahme, falls notwendig.

Beispiel

1 Welche Meinung hast du zu folgender Frage:

Ist es für Kinder im Alter von 11 oder 12 Jahren sinnvoll, ein Haustier zu halten?

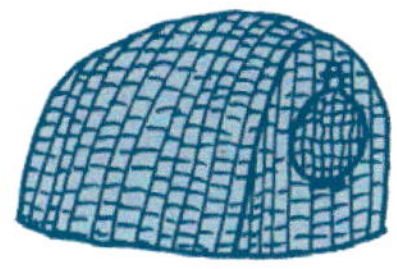

Formuliere deinen Standpunkt in einem Satz.

Mein Standpunkt:

Ich bin der Auffassung, dass es für Kinder im Alter von 11 oder 12 Jahren nicht sinnvoll ist, ein Haustier zu halten.

2 Mach dir Notizen zu möglichen Begründungen, die deinen Standpunkt stützen.
Notiere zu jeder Begründung passende Beispiele.

Begründungen	**Beispiele**
– Haustier macht viel Arbeit	*– Hunde mindestens dreimal täglich ausführen* *– bei Hamstern, Meerschweinchen usw. füttern, Stall sauber machen, Zuwendung*
– zu wenig Zeit für Haustier	*– meist Schule bis 15:00 Uhr* *– Fußball und Gitarrenunterricht* *– Freizeit für sonstige Interessen notwendig*
– Haustier kostet zu viel	*– Tierarztkosten für Impfen und Behandlung für Krankheiten höher als Taschengeld* *– Hundesteuer für Hunde* *– Futter für Hunde und Katzen teuer* *– Kosten bei Hamstern, Meerschweinchen usw. für Futter und Streu*

3 Wähle zwei Begründungen und die zugehörigen Beispiele aus und verfasse eine kurze Stellungnahme, z. B. für eine Tierzeitschrift oder ein Internetforum.

Liebe Leserinnen und Leser,

ich bin der Auffassung, dass es für Kinder im Alter von 11 oder 12 Jahren nicht sinnvoll ist, ein Haustier zu halten, weil ein Haustier sehr viel Arbeit macht. So muss man z. B. mit einem Hund mindestens dreimal täglich spazieren gehen, damit er sein Geschäft machen kann und genügend Auslauf hat, was vor allem bei großen Hunden wichtig ist. Bei Meer-

Gründe, warum die Stellungnahme gut ist:

- Der **Standpunkt** wird in einem Aussagesatz formuliert.
- Die **Begründungen** sind nachvollziehbar.
- Die **Beispiele** untermauern den Standpunkt.

schweinchen und Hamstern ist der Aufwand zwar etwas geringer, aber auch sie müssen gefüttert werden, der Stall muss sauber gemacht werden und sie benötigen Zuwendung.

Ein wesentlich wichtigeres Argument sind die hohen Kosten für ein Tier. Z. B. sind allein die Tierarzt-Rechnungen für Impfungen und die Behandlung bei Krankheiten meist höher als das Taschengeld. Hinzu kommen Ausgaben für Futter und bei kleineren Tieren für Streu usw.

– Im **Abschluss-Satz** wird der Standpunkt noch einmal aufgegriffen.

Schon diese Argumente zeigen, dass es für Kinder im Alter von 11 oder 12 Jahren nicht sinnvoll ist, ein Haustier zu halten.

Aufgabe

1 Wie könntest du den folgenden Standpunkt begründen?

Ich bin der Meinung, dass es für Jugendliche von 11 oder 12 Jahren sinnvoll ist, ein Haustier zu halten.

Mach dir Notizen zu möglichen Begründungen, die diesen Standpunkt stützen und notiere zu jeder Begründung passende Beispiele.

Begründungen	Beispiele

2 Wähle zwei Begründungen und die zugehörigen Beispiele aus und verfasse eine kurze Stellungnahme, z. B. für eine Tierzeitschrift oder ein Internetforum. Schreibe in dein Heft.

Überprüfung

1 Überprüfe die folgenden Stellungnahmen. Kreuze an, welche Anforderung erfüllt ist.
Achtung: Zum Teil sind mehrere Kreuze notwendig.

	Die Stellungnahme ist vollständig.	Die Stellungnahme überzeugt.	Die drei Teile (Behauptung, Begründung und Beispiel) sind gut.
Ich finde es sinnvoll, ein Haustier zu haben. Meine Tante hat auch eines.	☐	☐	☐
Ich habe selbst ein Haustier. Es macht mir immer viel Freude. Manchmal aber auch nicht.	☐	☐	☐
Ein Haustier zu halten ist sehr sinnvoll, denn man hat mit ihm immer Gesellschaft.	☐	☐	☐
Ich bin der Ansicht, dass es für Kinder im Alter von 11 oder 12 Jahren sinnvoll ist, ein Haustier zu halten, weil man so lernt, Verantwortung zu übernehmen. So muss ein Tier z. B. regelmäßig gefüttert werden, bei Kleintieren muss man den Stall sauber halten und ein Hund muss zu festen Zeiten ausgeführt werden.	☐	☐	☐
Ich finde es gut für 11- oder 12-jährige Kinder, ein Haustier zu haben, weil ein Haustier eine sinnvolle Beschäftigung für Kinder ist. Zum Beispiel kann man mit sich mit ihm beschäftigen oder mit ihm spielen, wenn einem langweilig ist. Wenn man einen Hund hat, kann man auch einen interessanten Ausflug mit ihm machen und die ganze Gegend erkunden.	☐	☐	☐

2 Überprüfe deine Stellungnahme mit Hilfe des Merkwissens (S. 38).
Gehe dabei so vor:

1. Unterstreiche den Standpunkt, die Begründung und die Beispiele mit unterschiedlichen Farben.
2. Kreise mit einer weiteren Farbe alle Wörter ein, die Standpunkt, Begründung und Beispiele verknüpfen.
3. Mache Notizen am Rand, welche Fehler dir aufgefallen sind. Schreibe
   U, wenn die Stellungnahme unvollständig ist,
   V, wenn die Verknüpfungswörter unpassend sind oder
   W, wenn du unnötige Wortwiederholungen festgestellt hast.

3 Überprüfe die Schreibung.

4 Überarbeite deine Stellungnahme im Heft. Nutze dafür das Merkwissen (S. 38) und deine Randnotizen.

10

- einfache appellative Texte verfassen
- Notizen zum Anliegen und zum Inhalt eines Textes machen
- adressatengerecht schreiben
- Gefühle des Lesers ansprechen
- Texte überarbeiten

Appellative Texte verfassen: Aufruf

Kurzbeschreibung
Mit einem **appellativen Text**, z. B. einem Aufruf, versuchst du, bei deinen Leserinnen und Lesern etwas zu bewirken, z. B. sie zu einer Handlung aufzufordern.

Vorbereiten

- Plane deinen Aufruf mit Hilfe eines Wirkungsdreiecks.
- Mach dir Notizen, welche Hintergrundinformationen du deinen Leserinnen und Lesern geben willst. Nutze dabei die W-Fragen (*Wer? Was? Wo? Wann? Warum? Wie?*) als Hilfestellung.

Einen Aufruf verfassen

Inhalt und Aufbau

- Wähle eine Überschrift, die das Interesse der Leserinnen und Leser weckt und dein Anliegen ausdrückt.
- Baue deinen Text in vier Schritten auf:
  1. Sprich die Leserinnen und Leser an.
  2. Stelle dar, welches Ziel du mit deinem Aufruf verfolgst.
  3. Stelle dich selbst oder die Organisation vor, die du vertrittst, und nenne den Grund für deinen/euren Einsatz.
  4. Ergänze weitere, notwendige Informationen.

Sprache

- Sprich die Leserinnen und Leser und ihre Gefühle direkt an, z. B. durch Aufforderungssätze und aussagekräftige Adjektive.

Überarbeiten

Überprüfe deinen Aufruf mit Hilfe folgender Fragen:

- Spricht mich die Überschrift des Aufrufs an?
- Wirkt der Aufruf auf mich überzeugend?
- Wird deutlich, was ich machen soll?
- Erhalte ich ausreichend Informationen darüber, warum ich etwas tun soll?
- Erfahre ich etwas darüber, wer den Aufruf verfasst hat und warum?
- Sind alle Wörter richtig geschrieben?

Überarbeite deinen Aufruf. Gestalte ihn so, dass den Leserinnen und Lesern die wichtigsten Aussagen sofort auffallen.
Du kannst auch den PC nutzen.

Beispiel

1 Wirb mit einem Aufruf in der Schülerzeitung für die Teilnahme am Vorlesewettbewerb (siehe auch S. 24 ff.).
Plane deinen Aufruf mit Hilfe eines Wirkungsdreiecks.

Welche Informationen benötigt der Leser?
– Hintergrundinformationen zur Teilnahme

Was spricht die Leser an?
– Spannung des Wettkampfs
– Gewinne

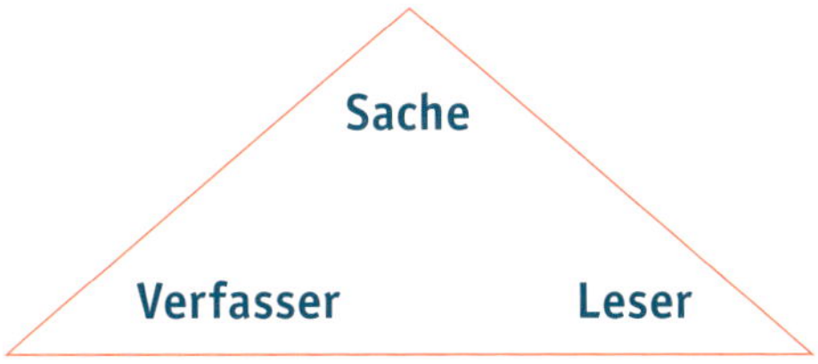

Was will ich über uns mitteilen?
– Wettbewerb hat Spaß gemacht
– viel gelernt

An wen richtet sich mein Aufruf?
– Schülerinnen und Schüler der 6. Klassen

Was will ich bewirken?
– Überzeugung der Leser von der Teilnahme

2 Welche Hintergrundinformationen willst du den Leserinnen und Lesern deines Aufrufs geben? Mach dir Notizen mit Hilfe der W-Fragen.

Hintergrundinformationen zur Teilnahme am Vorlesewettbewerb

***Wer** veranstaltet den Wettbewerb?*
– Börsenverein des deutschen Buchhandels

***Wer** kann sich beteiligen?*
– alle Schülerinnen und Schüler der 6. Klassen
– größter Vorlesewettbewerb, fast 700.000 Teilnehmer jährlich

***Wie** läuft der Wettbewerb ab?*
– Ausschnitt aus Lieblingsbuch (3–5 Minuten) vorlesen
– Überraschungstext

***Wo** findet der Wettbewerb statt?*
– 1. und 2. Stufe: eigene Schule

3 Formuliere mögliche Überschriften für deinen Aufruf.

– Vorleserinnen und Vorleser dringend gesucht!
– Lesen lohnt sich!
– Heute schon was vorgelesen?

4 Wähle eine Überschrift aus und formuliere einen Aufruf für die Schülerzeitung.

Gründe, warum der Aufruf gut ist:

Überschrift weckt Interesse/ spricht Leserinnen und Leser an

1. Die Leserinnen und Leser werden wiederholt direkt angesprochen.
2. Das Ziel des Aufrufs wird deutlich.
3. Die Verfasser stellen sich selbst vor und geben den Grund für ihren Aufruf an.
4. Es sind notwendige Hintergrundinformationen enthalten.

Lesen lohnt sich!

Wollt ihr am weltweit größten Lesewettstreit teilnehmen?

Dann meldet euch, liebe Mitschülerinnen und Mitschüler der 6. Klassen, für den nächsten Vorlesewettbewerb des Börsenvereins des deutschen Buchhandels an.

Macht es wie fast 700.000 Schülerinnen und Schüler im Jahr: Schnappt euch einfach euer Lieblingsbuch und wählt eine spannende oder interessante Textstelle aus, die ihr in 3–5 Minuten vorlesen könnt.

Wir, die Klasse 7c, haben im letzten Jahr tolle Erfahrungen mit der Teilnahme gemacht. Es war lustig und wir haben auch viel gelernt. Vor allem die Wettbewerbstage waren spannend.

Die ersten beiden Stufen des Wettbewerbs finden in unserer Schule statt. Den Gewinnern winken tolle Preise, wie Urkunden, Bücher und Bücherschecks.

Also, zögert nicht länger und meldet euch an! Die Teilnahmebedingungen und weitere Informationen findet ihr im Internet unter www.vorlesewettbewerb.de.

Eure Klasse 7c

Aufgabe

1 Wirb mit einem Aufruf in der Schülerzeitung für die Mitarbeit an der Schülerzeitung. Die Schülerzeitung sucht Mitarbeiterinnen und Mitarbeiter, die
- Fotos machen,
- kurze Berichte aus dem Schulleben schreiben,
- die Schülerzeitung gestalten,
- für die Schülerzeitung Zeichnungen und Karikaturen anfertigen.

Plane den Aufruf mit Hilfe des Wirkungsdreiecks auf der nächsten Seite.

Welche Informationen benötigt der Leser?

Was spricht den Leser an?

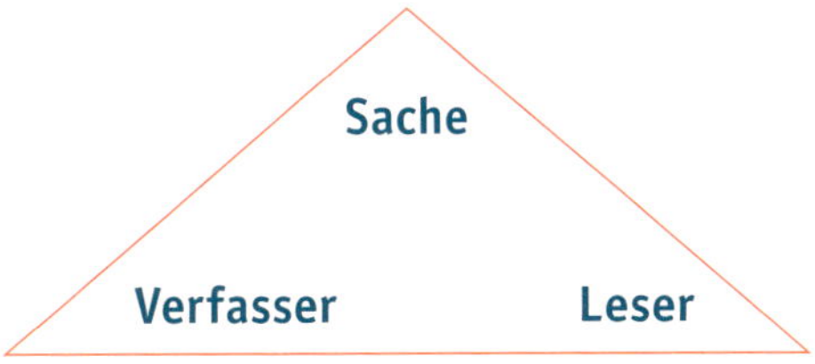

Was will ich über mich/uns mitteilen?

An wen richtet sich der Aufruf?

Was will ich beim Leser bewirken?

2 Welche Hintergrundinformationen willst du den Leserinnen und Lesern deines Aufrufs geben? Mach dir Notizen anhand der W-Fragen.

Hintergrundinformationen

- Wie heißt die Schülerzeitung?
- Was genau soll gemacht werden?

3 Formuliere mögliche Überschriften für deinen Aufruf.

____

____

____

4 Wähle eine Überschrift aus und schreibe den Aufruf in dein Heft. Denke an eine ansprechende Gestaltung des Aufrufs.

Überprüfung

1 Überprüfe die folgenden Formulierungen aus einem Aufruf. Kreuze alle zutreffenden Beurteilungen an.

Textbeispiel aus einem Aufruf	Beurteilung		
1. Arbeite bei der Schülerzeitung mit!	☐ Die **Überschrift** spricht die Leserinnen/Leser gut an.	☐ Die **Überschrift** müsste stärker die Gefühle der Leserinnen und Leser ansprechen.	☐ Die **Überschrift** informiert gut über das Anliegen der Verfasser.
2. Wir brauchen dich! Komm ins Redaktionsteam der Schülerzeitung!	☐ Die **Textstelle** spricht die Leserinnen/Leser gut an.	☐ Die **Textstelle** müsste stärker die Gefühle der Leserinnen/Leser ansprechen.	☐ Die **Textstelle** informiert über das Anliegen der Verfasser.
3. Die Mitarbeit an der Schülerzeitung ist sehr interessant. Es gibt vielfältige Aufgaben.	☐ Die **Zielsetzung** wird gut deutlich.	☐ Die **Zielsetzung** bleibt unklar.	☐ Die Leserinnen/Leser werden **direkt angesprochen** und zur Mitarbeit aufgefordert.
4. Wir suchen Dich! Denn wir brauchen Mitarbeiter für Fotos, Reportagen, Layout, das Zeichnen von Comics und viele andere interessante Aufgaben.	☐ Die **Zielsetzung** wird gut deutlich.	☐ Die **Zielsetzung** bleibt unklar.	☐ Die Leserinnen/Leser werden **direkt angesprochen** und zur Mitarbeit aufgefordert.
5. Wir, die Mitglieder der Redaktion, arbeiten schon seit zwei Jahren begeistert, engagiert und erfolgreich zusammen.	☐ Die **Verfasser** stellen sich und ihre Arbeit so vor, dass man eine gute Meinung von ihnen hat.	☐ Die **Verfasser** stellen sich und ihre Arbeit so vor, dass man keine gute Meinung von ihnen hat.	☐ Die Gefühle der Leserinnen und Leser werden durch **aussagekräftige Adjektive** angesprochen.

2 Überprüfe deinen eigenen Aufruf mit Hilfe des folgenden Bewertungsbogens.
Markiere die Stellen im Text, die überarbeitet werden müssen.

Inhalt und Aufbau		
Die Überschrift …	☐ … informiert gut über das Anliegen und spricht die Leser gut an.	☐ … sollte aussagekräftiger formuliert werden und die Leser besser ansprechen.
Im Text werden die Leser …	☐ … direkt angesprochen.	☐ … nicht direkt angesprochen.
Die Zielsetzung des Aufrufs …	☐ … wird gut deutlich.	☐ … bleibt teilweise unklar.
Die Leser erfahren …	☐ … etwas Positives über die Verfasser.	☐ … zu wenig oder nichts Positives über die Verfasser.
Die Leser erhalten …	☐ … ausreichend Informationen, wie und warum sie etwas tun sollen.	☐ … nicht ausreichend Informationen, wie und warum sie etwas tun sollen.
Sprache		
Aufforderungssätze werden …	☐ … häufig und passend verwendet.	☐ … zu wenig verwendet.
Die Gefühle der Leser werden durch treffende, eindringliche Adjektive …	☐ … mehrfach gut angesprochen.	☐ … zu wenig angesprochen.
Schreibfehler und Kommafehler habe ich …	☐ … nicht gefunden.	☐ … gefunden und markiert.
Die äußere Form und die Schrift …	☐ … sind ansprechend.	☐ … sind nicht ansprechend.
Weitere Bemerkungen:		

3 Überarbeite deinen Aufruf anhand des Bewertungsbogens und deiner Markierungen im Text.

Textquellen

S. 12 f.: Rosalie und der böse Zauberer. Aus: Bartholl, Silvia u. a. (Hg.): Das Geheimnis der 4. Schublade. Beltz Verlag, Weinheim 1995, S. 121 f.
S. 16: Das Riesenspielzeug. Nach: Petzoldt, Leander (Hg.): Schwäbische Sagen vom Schwarzwald bis zum Bodensee, vom Schwarzwald bis zum Lech. Ullstein Verlag, Frankfurt/M., Berlin, Wien 1985, S. 135
S. 17 f.: Der Goldfisch. Nach: Diederichs, Ulf u. Hinze, Christa (Hg.): Norddeutsche Sagen. Ullstein Verlag, Frankfurt/M., Berlin 1986, S. 55 f.
S. 21: Erdschichtenkuchen. Nach: Kreider-Stempfle, Ruth und Frensemeier, Bettina: Backen und Bauen. Paläontologischer Kuchen. Gerstenberg Verlag, Hildesheim 2004, S. 84 ff.
S. 34: Aesop: Der Löwe und das Mäuschen. Aus: Fabeln. Neuübersetzung Griechisch/Deutsch. Übersetzt von Thomas Voskuhl. Reclam Verlag, Stuttgart 2005
S. 35: Hohler, Franz: Die feindlichen Schrauben. Aus: Ders.: Der Granitblock im Kino und andere Geschichten. Fischer Taschenbuch Verlag, Frankfurt/M. 1983, S. 27 f.

Bildquellen

S. 8 und 9: Aus: e. o. plauen: Vater und Sohn. In: Gesamtausgabe Erich Ohser, © Südverlag GmbH, Konstanz 2000

Illustrationen

Constanze Guhr, Berlin

Redaktion: Mareike Zastrow
Bildrecherche: Angelika Wagener
Umschlaggestaltung: Klein & Halm Grafik-Design, Berlin
Layoutkonzept und technische Umsetzung: Dorothée Billard, Berlin

www.cornelsen.de

Dieses Werk berücksichtigt die Regeln der reformierten Rechtschreibung und Zeichensetzung.
Bei den mit R gekennzeichneten Texten haben die Rechteinhaber einer Anpassung widersprochen.

1. Auflage, 2. Druck 2008/06

Druck: CS-Druck CornelsenStürtz, Berlin

ISBN 978-3-06-060784-6

Inhalt gedruckt auf säurefreiem Papier aus nachhaltiger Forstwirtschaft.